AF361052

LE CHATEAU

et

LE PARC DE CLÈRES

(S.-I.)

LE DOMAINE ET LES ÉLEVAGES

sont administrés

par la **Société Anonyme**

du

PARC ZOOLOGIQUE DE CLÈRES

(au Capital de 400.000 francs)

ACHAT, ÉCHANGE ET VENTE D'ANIMAUX

Le Parc est ouvert au Public :

Les dimanches et jours fériés de 14 heures à 17 heures.

En semaine, à 14 heures et à 16 heures.

Droit d'entrée : 5 francs par personne, **2** fr. **50** pour les enfants au-dessous de 13 ans.

S'adresser à **M. F.-E. Fooks,** *Directeur, à Clères (Seine-Inférieure)*

LE CHATEAU DE CLÈRES

ET

SON PARC ZOOLOGIQUE

Jeanne d'Arc, conduite de Beaurevoir à
Arras, Eu et Dieppe, pour être incarcérée
au Château de Rouen, avait dû s'arrêter
au Château de Clères, qui a vu se reposer, à l'ombre de ses tourelles, deux rois :
Charles IX et Henri IV.

L'ancien Château-fort existait dans le
voisinage du Château actuel. Il devait
commander une très ancienne route. En

arrière, il était couvert par des fossés et la rivière de Clères. Le donjon se dressait sur une motte artificielle. Le parement de ces anciennes constructions était en grès.

Dans la tour voisine de l'église est un puits fort profond. Cet ancien Château était contemporain du Château d'Arques et appartenait à la première moitié du XIII⁵ siècle.

Dans ses décombres, parmi les poutres carbonisées, on retrouva des fragments de carrelage portant des fleurs de lys et les tours de Castille. Sa destruction doit dater de 1418, lors de la prise de Rouen par les Anglais.

Georges II, sieur de Clères, fait prisonnier par les Anglais à Harfleur, se vit déposséder de ses biens.

Une charte de Henri V les donna à Jehan Gray de Hoton, à la charge d'une épée à rendre au camp de Rouen, à la Saint-Jean. Ce Jehan de Gray mourut à la bataille de Beaugé, en 1421, et la terre de Clères passa alors à son fils, Henri de Gray, qui en resta possesseur jusqu'en 1431. Ce jeune seigneur possédait également les comtés de Tancarville,

Beauvais, Hugleville, Gitre, Bernard, qui lui rapportaient près de 700 écus de revenus annuels.

Le domaine de Clères ne devait revenir en la possession d'une famille française qu'avec

Un coin de la ruine du Château-fort.

Georges III, fils de Jean III, qui avait aussi été fait prisonnier par les Anglais, en 1419. et avait succédé à son père, mort à la bataille d'Azincourt.

Ce qui restait des vieilles murailles de l'ancien Château a été consolidé en 1815 par

M. Foucher, sculpteur à Rouen, sous la direction du comte de Béarn, pour l'ensemble.

Tout près de l'ancien donjon de Clères se trouve l'ensemble des constructions formé par les bâtiments et logis se reliant à angle droit sur les deux côtés d'une cour intérieure appelée « Cour d'armes ».

Le Château se compose de deux constructions. L'extrémité ouest a été complètement reconstruite dans le style du XVIᵉ siècle. Seuls les murs de base en grès, flanqués de courts contre-forts, existaient de ce côté et étaient prolongés le long des fossés par un muret en grès, aujourd'hui disparu. Le corps de logis ancien semble dater du XIVᵉ siècle et avoir été reconstitué au XVIᵉ siècle.

Avec l'extérieur, du côté sud, ce logis carré communiquait (avant 1865) par un pont-levis avec chaîne traversant un fossé. On voit encore les rainures où venaient s'appliquer les bras du pont-levis.

Au premier étage, la bibliothèque actuelle était la chambre de Henri IV, ainsi appelée depuis le séjour du Béarnais.

Très curieuse et fort particulière est la
disposition de l'escalier qui occupe la tourelle

La Terrasse et le Manoir

donnant sur la Cour d'armes. Cet escalier en vis Saint-Gilles, à noyau plein central, se présente avec sa coquille composée d'une suite d'arcs formant voûte et un intéressant raccord des murs latéraux avec l'intrados de la voûte, reliés par une série de petits triangles en briques admirablement appareillées et très rares.

Un petit bâtiment de deux étages qui se termine par un petit pignon à redans servait à relier le logis seigneurial avec le bâtiment de la Justice : il portait le nom de « Passage des hauts et puissants seigneurs » et est devenu la « Galerie des Oiseaux ». Il existe dans ce passage tout un dallage de carreaux vernissés jaunes et rouges aux armes des seigneurs de Clères et de Brézé, leurs alliés par suite du mariage de Georges IV, baron de Clères, qui, le 10 septembre 1490, avait épousé Anne de Brézé, fille de Jacques de Brézé et de Charlotte de France, fille naturelle de Charles VII et d'Agnès Sorel.

Sur la terrasse se trouve un ensemble de bâtiments des XVe et XVIe siècles. D'abord,

le bâtiment « de la Justice », à trois étages,
en grès, briques et silex, percé de fenêtres à

Le Pignon du Château

meneaux de pierre et couvert d'un vaste toit de tuiles. Au rez-de-chaussée était la grande salle de Justice où les seigneurs venaient juger les différends. Au deuxième étage se trouvait le « chartrier ».

Dans les salles intérieures du « manoir », en bois et briques, on peut voir des armoiries d'azur au chevron d'argent à trois maillets et une décoration peinte de paysages, dont le style semble dater de Louis XIII.

Le manoir se termine par une tour polygonale en briques près de laquelle se trouve le puits, très ancien. Au-dessous se trouvent des caves voûtées en berceaux sur arcs doubleaux du XIIIe siècle. L'arrière du manoir, du côté de l'église, est formé par des murs et tours des XIIIe et XVIe siècles.

Le Château de Clères, dont le style du XVIe siècle rappelle l'élégance somptueuse du Palais de Justice de Rouen, peut compter parmi les plus beaux édifices de la région.

C'était une illustre famille que celle des barons et comtes de Clair, Clère ou Clères. Leurs alliances les plus hautes, leur vaillance,

leur fidélité les avaient placés au premier rang
de la noblesse normande et les mêlèrent à

Façade sud du Château. — Flammants.

tous les événements importants de la province
et du royaume.

Députés aux États de Normandie, tenant
leur rang à l'Échiquier et au Parlement, ils
ont conquis dans l'histoire une place d'honneur.

Le premier des sires de Clères est Gode-
froy, comte de Brionne et d'Eu, fils naturel
de Richard Ier, duc de Normandie. Il vivait

vers 921 et eut plusieurs fils. L'un d'eux, Richard, seigneur de Clères et de Bienfaite, épousa la fille de Gaultier, comte de Longueville, et d'Amicie Flaittel. Roger, son fils, comte de Clères, fixa le nom et les armes. C'est lui qui fit don à l'abbaye de Saint-Ouen de divers biens.

Un Gilbert de Clères fonda alors la branche anglaise des comtes de Clères-Pembroke.

Guillaume Ier, fils de Roger, en 1037, laissa ses biens au prieuré de la Madeleine, près Vernon. Entre autres enfants de son mariage avec Amicie de Glocester, il eut Renaud, sire et baron de Clères, qui accompagna Guillaume le Bâtard à la conquête de l'Angleterre, en 1066, et qui, à son retour de la guerre, aumôna ses biens à l'abbaye de Saint-Victor-en-Caux et de Saint-Amand.

Il y eut ensuite Mathieu Ier, fils de Guillaume, qui, en 1099, aumôna ses biens en faveur de l'abbaye de Saint-Victor. C'est lui qui, à Clères, fonda le prieuré de Saint-Sylvestre, qu'il donna à l'abbaye de Tiron (Eure-et-Loir), aujourd'hui transformé en grange. Ce pieux personnage, qui avait été prisonnier des Sarrazins, avait vraisemblablement été à la troisième croisade avec Philippe-Auguste et Richard Cœur-de-Lion. Il aban-

La Cour d'Armes

donna cinq acres de terre pour bâtir l'église paroissiale qu'il aumôna depuis à l'abbaye de Tiron. Il avait épousé Luce de Hangest, fille du seigneur d'Hugleville.

Puis Mathieu II, époux de Richère de Longchamp, sœur de l'évêque d'Ely, l'illustre chancelier d'Angleterre, à qui revient l'honneur d'avoir fondé le marché de Clères, qui se tient encore le mardi de chaque semaine.

Une charte, datée de Tours 26 juin 1195, signée de Richard Cœur-de-Lion, roi d'Angleterre et duc de Normandie, accorde ce droit à perpétuité.

De son premier mariage avec Marie de Montmorency il eut Jean de Clères, seigneur de Grugny-Nazuy et Hugleville.

Son fils aîné, Jean II, en 1260, réunit les fiefs de la Houssaye-Bérenger et du Bocasse à Clères et fit, en 1286, appointement avec les religieux de Sainte-Catherine pour le ban de son moulin de Clères.

Georges Ier, sire et baron de Clères, de Beaumets et de la Croix-Saint-Leufroy, se maria trois fois : avec Marguerite de la Heuse, fille du châtelain de Bellencombre ; avec Jeanne de Mallemains et avec Mahaut d'Estouteville. Il fonda une messe au couvent des Jacobins de Rouen, où il fut inhumé. Il avait été un des otages livrés aux Anglais par le traité de Brétigny, en 1360, pour le rachat

Grues de Mandchourie dans le parc

du roi Jean fait prisonnier, en 1356, à la bataille de Poitiers.

Un des fils de Georges Ier, Georges II, à ses titres de seigneur de Clères joignit ceux de Lincheux, Bornoy, Neufville et d'Auppegard. Pris par les Anglais à Harfleur, en 1415, avec Guillaume de Clères, son frère, il fut obligé de vendre ses biens pour acquitter sa rançon. C'est vers cette époque que fut détruit l'ancien Château de Clères donné à Jehan de Gray.

Son neveu fut Georges IV, mêlé à toute l'histoire de Rouen avec le sénéchal de Brézé, dont il avait épousé la sœur, Anne ; il mourut le 15 septembre 1539. Il avait épousé, en secondes noces, Isabeau de Mailly, dont il eut plusieurs enfants, dont Jean IV.

Jean IV, en 1547, épousa Anne de Fourquesolles, fille du sénéchal du Boulonnois. Il prit part au siège de Rouen, en octobre 1562. Il y fut blessé, mais continua à combattre et se jeta dans la ville de Caudebec, d'où il expulsa les huguenots. Pour témoigner sa reconnaissance à ce fidèle serviteur, le jeune roi Charles IX partit de Dieppe le 11 août 1563 et passa la nuit au Château de Clères, d'où le lendemain il se rend à Paris pour y faire son entrée solennelle.

Quand Charles IX quitte Rouen quelques jours après, Jean IV le suit en Basse-Normandie et y trouve la mort en intervenant dans une querelle que son neveu s'était attirée.

De son second mariage avec Marguerite de Louvigny, Jean de Clères avait eu un fils, Jacques. Celui-ci, à peine âgé de quinze ans, prit part au siège de Rouen. Il est à Moncontour avec Brissac, en 1567, puis sous les ordres de Carouges, gouverneur de Normandie. Retiré en son Château de Clères, il offre l'hospitalité à ses anciens ennemis : MM. du Maine-Villars, et à Henri IV lui-même. Une première fois, le monarque s'arrête à Clères en 1590. Au retour de sa campagne contre Farnèse, duc de Parme, le Béarnais vint une seconde fois s'y reposer et soigner une blessure.

Jacques de Clères avait épousé, en 1569,

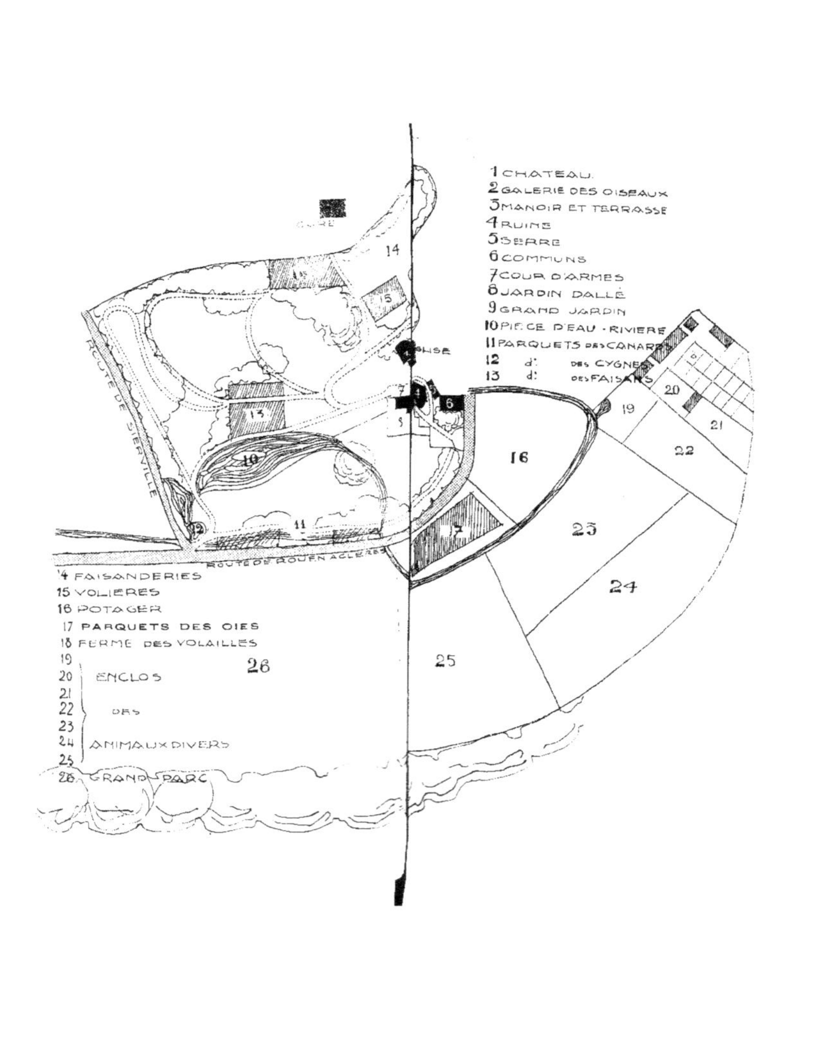

1 CHATEAU
2 GALERIE DES OISEAUX
3 MANOIR ET TERRASSE
4 RUINE
5 SERRE
6 COMMUNS
7 COUR D'ARMES
8 JARDIN DALLÉ
9 GRAND JARDIN
10 PIECE D'EAU - RIVIERE
11 PARQUETS DES CANARDS
12 d° DES CYGNES
13 d° DES FAISANS
14 FAISANDERIES
15 VOLIERES
16 POTAGER
17 PARQUETS DES OIES
18 FERME DES VOLAILLES
19
20 ENCLOS
21
22 DES
23
24 ANIMAUX DIVERS
25
26 GRAND PARC
ROUTE DE SIERVILLE
ROUTE DE ROUEN A CLERES

Louise de Balzac, fille de Guillaume d'En-
traigues, dont il avait eu plusieurs fils : Jacques,
mort jeune ; Charles, né en 1575, marié à
Claude de Combaut, dont il eut deux fils
morts jeunes et deux filles.

Jusqu'alors, la transmission des héritages
s'était faite dans la même ligne ; mais le
31 octobre 1626, la mort de Charles de
Clères fait entrer le domaine de Clères dans
la famille des Fontaine-Martel par le mariage
de Marie de Clères avec François de Fontaine-Martel.

La seigneurie fut alors divisée en deux
parties : la première partie, dite la moitié de
l'aînée, qui a été érigée en marquisat, en
1651, sous le nom de Clères et de Panil-
leuse ; le seigneur de la seconde moitié prend
le titre de comte de Clères.

Le marquisat appartint à Louise de Clères,
remariée à Henri de Préteval, seigneur de
Sainte-Poix ; la seconde partie à Marie,
seconde fille du baron Charles, femme de
François de Fontaine-Martel.

Originairement, les seigneurs de Clères

étaient comtes, si l'on en croit un mandement de Philippe-Auguste de 1204. Depuis 1066, leur seigneurie avait été érigée en baronnie.

Les armes des seigneurs de Clères étaient

Le Jardin dallé

d'argent à une fasce d'azur, chargée de deux lions et d'une aigle à deux têtes, le tout d'or.

En 1650, François II Martel rendit aveux de son nouveau domaine. (Chambre des Comptes, vol. 152, p. 31, vol. 175, p. 143).

De son mariage avec Marie de Clères, il eut un fils, Charles Martel, marié à Anne de Beauquemare, veuve de Marc-Anthoine d'Orléans, comte de Rothelin. Ce Charles Martel, belliqueux comme tous ses ancêtres, prit part à toutes les agitations de la Fronde.

L'an 1649, il s'avisa d'aller mettre le siège devant le Château du Neubourg et de l'enlever à Alexandre de Rieux, marquis de Sourdéac, le grand seigneur machiniste, fondateur de l'opéra en France.

Peu de temps après, Sourdéac, accouru en hâte, s'empare à son tour du Château de Clères et impose au village, qui n'en pouvait mais, le logement de ses troupes. Charles Martel, qui mourut à Paris en 1669, en son hôtel de la rue Saint-Honoré, eut trois fils : Henri Martel, mort lieutenant-colonel de marine ; Adrien Martel et Charles II Martel, qui en 1643 épousa Suzanne d'Orléans de Rothelin et eut une fille, Marie-Françoise, qui épousa son cousin, Charles III Martel d'Émalleville. Celui-ci fut le dernier des seigneurs de Clères. En 1725, il était

Palmipèdes au bord du lac

maréchal de camp de gendarmerie à l'âge de vingt-sept ans, quand il mourut des suites d'un accident. Étant à cheval, à deux kilomètres de Clères, dans les bois de Grugny, il s'était enfoncé son épée dans le corps. Il y a quelques années, son portrait se trouvait encore dans la chambre royale du Château.

Est-ce sa jeune veuve qui fut immortalisée dans la correspondance de Voltaire ?.

Le dernier des Fontaine ne laissait qu'une fille, Louise-Edmée-Suzanne Martel de Clères, qui fut mariée, le 19 février 1760, à Armand-Joseph de Béthune, duc de Charrost, pair de France, maréchal de camp.

Pour la seconde fois, le domaine de Clères changeait de seigneurs. En 1779, Edmée Martel de Clères, duchesse de Charrost, mourut, laissant ses biens à son mari, tuteur de son fils, Louis-François-Edme, comte de Béthune-Charrost, qui monta sur l'échafaud le 29 avril 1794. Par suite de la donation mobile faite par sa femme, Henriette de Béthune-Sully, qui était sa cousine, son père hérita de la terre de Clères, qu'il laissa à sa seconde femme, née de Bouchet de Sourches de Touzelles, qui mourut sans enfants.

Elle laissait le domaine à sa sœur, dont le mariage avec Luc de Galard de Brassac,

Le milieu de la grande volière

comte de Béarn, fit encore passer le domaine de Clères dans de nouvelles mains.

C'est ainsi qu'il devint la propriété, dès 1839, de Louis-Hector, comte et prince de Béarn, sénateur du Second Empire, chargé de missions diplomatiques, mort en 1870 à Bruxelles.

C'est au comte de Béarn qu'on doit la restauration du Château dont les travaux furent exécutés d'après les plans de Henri Parent, l'habile architecte du Musée d'Amiens, et par le sculpteur Foucher. L'entrepreneur fut M. Chaboux, de Rouen. La ferronnerie fut exécutée par Roy, de Paris.

Le parc fut dessiné et tracé par M. Busigny, architecte-paysagiste à Paris.

En 1913, le Château de Clères passa des mains de MM. de Béarn dans celles de la duchesse de Choiseul-Praslin, qui le céda, en 1919, à M. Jean Delacour.

*
* *

Avant la guerre, M. Delacour possédait des collections zoologiques et botaniques très importantes dans le parc de la propriété de sa famille, à Villers-Bretonneux (Somme). Le Château et toutes ses dépendances ayant été entièrement détruits au cours de la guerre (mars 1918), M. Delacour s'employa aussi-

Nandous dans le parc

tôt après à réinstaller à Clères ce qu'il avait
perdu à Villers.

Le Château fut complètement restauré en
1919-1920 ; la plupart des remaniements,
parfois indiscrets, exécutés en 1865, furent
modifiés, et l'intérieur du Château réinstallé
et remeublé dans le goût de l'époque de sa
construction. Sur les plans de M. H. Avray
Tipping, des jardins du style convenable
furent créés tout autour. Enfin, le parc, les
fermes et les terrains avoisinants furent entou-
rés de hautes clôtures et aménagés de façon
à y pouvoir installer des collections d'animaux.

Les jardins contiennent une bonne collection de plantes vivaces et alpines, et d'arbustes
d'ornement, tandis qu'une serre chaude,
convertie en jardin tropical du même style
que les jardins en plein air, renferme des
plantes exotiques et quelques oiseaux des
tropiques.

Le jardin proprement dit est enclos de
haies d'ifs et séparé du parc par des grillages,
de façon à ce que les animaux ne puissent
venir l'endommager. Il s'y trouve néan-

moins des Flammants, une collection de Sarcelles et de Canards les plus rares, des Ibis, Faisans, etc. On y voit, près de la ruine, des volières de Perruches ondulées, et dans

La serre-volière

la ruine même une tour effondrée est habitée par des Harfangs des neiges.

Sur la terrasse se trouvent des Perroquets, et dans le manoir plusieurs pièces chauffées ont été installées pour abriter les espèces délicates en hiver et acclimater les nouveaux arrivants. Il y a également le bureau du directeur et d'autres dépendances.

La galerie qui relie la terrasse au Château renferme une série de volières où sont conservés quelques-uns des oiseaux les plus rares et les plus délicats, et aussi des aquariums.

Dans le parc proprement dit s'ébattent en liberté des troupeaux de divers mammifères, notamment des Antilopes cervicapres, des Cervules de Reeves, des Kangourous de Bennett, etc. La collection de palmipèdes qui animent les eaux est la plus complète du monde et ne comprend pas moins de quatre-vingts espèces différentes. On rencontre aussi des Dindons sauvages, divers Faisans, des Lophophores, des Coqs sauvages, des Paons spicifères, des Grues de Numidie et couronnées, des Kamichis, des Nandous de Darwin, etc.

Des Singes gibbons, d'Indochine, vivent en plein air et en complète liberté dans le parc, supportant parfaitement les hivers. Ils sont fort amusants à observer et se livrent à toutes sortes d'acrobaties. Il est recommandé, toutefois, de ne pas les taquiner et de ne pas les laisser trop s'approcher, car ils mordent alors parfois les personnes qu'ils ne connaissent pas.

Divers Perroquets et Perruches et des

Antilopes cervicapres dans le parc

Colombes exotiques volent en liberté dans le parc.

Le long d'un ruisseau, dans le bas du parc, des volières et des enclos renferment de jeunes palmipèdes et des espèces qu'il convient de séparer ; au nord du lac, sur le talus, divers autres parquets contiennent des Faisans, des Argus, des mammifères, etc.

Le coin nord-est du parc, dissimulé par des rideaux d'arbres, est consacré aux volières. On y voit, en divers groupes, une centaine de compartiments habités par des Faisans ; la collection de ces oiseaux, qui vit à Clères, est la plus belle du monde. Des parquets sont destinés à des Grues, des Oies, etc.

En avant de ces installations se trouve la grande volière qui abrite une collection nombreuse et variée d'oiseaux petits et moyens, parmi lesquels se trouvent des espèces fort rares. Cette volière se compose de dix-sept compartiments ; elle possède une installation intérieure chauffée à laquelle chaque compartiment a accès. En avant, on voit un petit jardin de roses. Les volières sont d'ailleurs agencées en jardins réguliers.

De l'autre côté de la route de Rouen, on trouve successivement le potager, puis des parquets pour les espèces de palmipèdes qui doivent vivre séparées les unes des autres.

Au-delà de la rivière, il y a d'abord, sur

la gauche, la ferme à volailles, avec de nombreux parquets et une maison installée spécialement pour les oiseaux à exposer. On y sélectionne en particulier, pour la ponte et le type, la race française gâtinaise, et on y élève diverses races japonaises et naines très ornementales. Viennent ensuite des prairies divisées en vastes enclos qui contiennent une collection de Grues et des Nandous blancs, des Moutons sauvages de Soay et divers palmipèdes. Enfin, sur la gauche, un parc d'une quinzaine d'hectares est habité par des Mouflons de Corse, de Cerfs pseudaxis d'Indochine, des Antilopes cobes et divers autres mammifères et oiseaux.

Un certain nombre des animaux et oiseaux les plus rares de Clères ont été obtenus au cours des expéditions scientifiques organisées par M. Delacour pour le Muséum national d'Histoire naturelle.

ROUEN

IMPRIMERIE LECERF FILS

1928